Jésus, du Quercy

Du même auteur*

Certaines œuvres sont connues sous différents titres.

Romans

La Faute à Souchon : (Le roman du show-biz et de la sagesse)
Quand les familles sans toit sont entrées dans les maisons fermées
Liberté j'ignorais tant de Toi (Libertés d'avant l'an 2000)
Viré, viré, viré, même viré du Rmi !
Ils ne sont pas intervenus (Peut-être un roman autobiographique)

Théâtre

Neuf femmes et la star
Les secrets de maître Pierre, notaire de campagne
Ça magouille aux assurances
Chanteur, écrivain : même cirque
Deux sœurs et un contrôle fiscal
Amour, sud et chansons
Pourquoi est-il venu :
Aventures d'écrivains régionaux
Avant les élections présidentielles
Scènes de campagne, scènes du Quercy
Blaise Pascal serait webmaster
Trois femmes et un Amour
J'avais 25 ans
 « Révélations » sur « les apparitions d'Astaffort » Jacques Brel / Francis Cabrel

Théâtre pour troupes d'enfants

La fille aux 200 doudous
Les filles en profitent
Révélations sur la disparition du père Noël
Le lion l'autruche et le renard,
Mertilou prépare l'été
Nous n'irons plus au restaurant

* extrait du catalogue, voir page 89

Stéphane Ternoise

Jésus, du Quercy

ISBN 978-2-36541-429-6
EAN 9782365414296

Jean-Luc PETIT Editeur / livrepapier.com

Stéphane Ternoise versant lotois :

http://www.lotois.fr

Tout simplement et logiquement !

Tous droits de traduction, de reproduction, d'utilisation, d'interprétation et d'adaptation réservés pour tous pays, pour toutes planètes, pour tous univers.

Site officiel : http://www.ecrivain.pro

© **Jean-Luc PETIT - BP 17 - 46800 Montcuq – France**

Jésus, du Quercy

C'est à Rouillac, un hameau de Montcuq, où les fresques de l'église figurent aux *Monuments Historique*, que Jésus m'est apparu... comme un passionnant sujet d'étude... Cette photo est "logiquement" devenue la couverture de ce livre. J'avais eu la sensation d'atteindre "le vivant."

Jésus sur une grande croix (le plus souvent en bois, parfois en fer ou même en béton) dans un endroit à forte exposition. Jésus sur la croix de procession conservée dans l'église... Jésus omniprésent dans ce Quercy... où je ne l'avais jamais vu ainsi avant de vraiment le scruter dans une optique de photographe.

Quand en plus http://www.dieu.mobi proposa son aide, accorda presque sa bénédiction à ce projet... Il ne manquait plus qu'un message du pape François... qui a plus de chance d'arriver qu'un soutien du président François H. à l'ensemble de mon oeuvre...

Jésus ne fut pas écrivain. Comme Socrate ou Epictète, il n'a rien écrit. Les évangélistes, Matthieu, Marc, Luc et Jean, comme Platon ou Arrien ne peuvent pas être considérés écrivains dans la conception désormais officielle après le définitif "*c'est l'éditeur qui fait la littérature*" d'Aurélie Filippetti. Nul parmi cette liste, exceptée notre ministre de la Culture, ne peut se glorifier d'être devenu vraiment écrivain grâce à l'onction extrême de Jean-Marc Roberts, des éditions Stocks, Groupe Hachette, mastodonte Lagardère.

Certes, la bible fut la première oeuvre imprimée par Gutenberg. Mais ce monsieur n'était pas membre du prétendu "Syndicat National des Editeurs", SNE tout puissant, "organisateur" du salon du livre de

Paris. Il ne s'agissait que d'un imprimeur ! Un peu l'ancêtre de l'auto-édition, tout ce qu'il faut combattre en 2013 en France quand on se gargarise d'exception culturelle... à condition que les écrivains acceptent des miettes... La multiplication des miettes, c'est pour quand ? Bref, je m'égare, tout cela pour essayer de fournir une justification acceptable d'une publication le dimanche 24 mars alors que la fête battra son plein Porte de Versailles où nul doute que près de 200 000 fans de lecture (Titeuf, Spirou, Marc Levy...) se presseront en quatre jours (inconvenant, en cette période de "sauvons les éditeurs" décrété grande cause nationale, d'ironiser sur un ratio probable de 5 visiteurs payants par jour, par auteur venu bénévolement dédicacer ses livres)
Bref, les médias (merci l'argent public, genre *France-Inter*) vous ont bien martelé que c'était là-bas qu'il fallait être mais j'espère que vous serez restés chez vous pour ne pas louper ma sortie du dimanche des Rameaux !

J'écris trop ! Alors, je pose le clavier : 38 photos d'art.

Stéphane Ternoise
http://www.lotois.fr

Document réalisé dans le cadre des 4 jours http://www.utopie.pro/mars.html de Stéphane Ternoise.

Dédié à

Amigues Gérard, pour son historique lettre du mercredi 13 mars 2013, de Limogne ; 6ème vice-président du Conseil général du Lot, en charge de la Culture.

Malvy Martin, président du conseil régional de Midi-Pyrénées depuis le 16 avril 1998.

Miquel Gérard, président du conseil général du Lot.

Perez Michel, Président du Centre Régional des Lettres, financé à 70% par la Région Midi-Pyrénées.

Couloussac, Montaigu de Quercy

Golfech... et que des puristes du Quercy ne viennent pas prétendre qu'il ne s'agit pas du Quercy !
Du canton de Montcuq, la "fumée" des tours est visible... et ce Jésus devant une tour résume sûrement le Quercy...

Sauzet

Limogne en Quercy

Villesèque

Sérignac

Mauroux

Belmontet

Belmontet

Sainte-Croix (ex Sainte-Croix-Des-Vaux)

Sainte-Croix (ex Sainte-Croix-Des-Vaux)

Sainte-Croix (ex Sainte-Croix-Des-Vaux)

Touffailles

Lascabanes

Saint-Vincent-Rive-d'Olt

Montcuq

Lascabanes

Lascabanes

Lascabanes

Saint-Cyprien

Saint-Laurent-Lolmie

Montaigu de Quercy

Bagat-en-Quercy

Montaigu de Quercy

Belmontet

Montaigu de Quercy

Montcuq

Villemade

Varaire

Beauregard

Saint-Cyprien

Mon actualité du vendredi 22 au lundi 25 mars 2013

Si c'est possible, je publierai chaque jour un livre numérique !
Je suis indépendant, totalement. J'envisage donc l'hypothèse que ce programme soit interrompu pour une raison naturellement indépendante de ma volonté.
Ces livres apparaîtront sur une page spéciale de http://www.utopie.pro
Encore une utopie, celle de faire de l'ombre au salon du livre de Paris !

Dans *Le salon du livre de Paris 2013 : sans moi !* Du même auteur.

Ce livre représente donc la troisième étape de mon "voyage" parisien !

D'abord il y eut *"J'aime les moutons, les vrais (Le livre numérique du 22 mars 2013)"* puis le 23 *"Les dolmens de Montcuq."*

La charte de qualité de l'auteur indépendant

Il n'est même pas besoin d'exhiber quelques textes inutiles auto-édités pour dénigrer l'auto-édition, pratique accusée de mettre sur le marché les pires médiocrités agrémentées des fautes les plus élémentaires d'orthographe ou grammaire, parfois même avec un style d'élève en difficulté du CM1.

Il s'avère néanmoins sûrement exact que les livres vraiment auto-édités dans une démarche professionnelle (mon exclusion de "l'auto-édition réelle" des auteurs qui ne respectent pas un minimum la littérature a toujours dérangé les prétendues belles âmes du secteur pour qui « tout est littérature ») contiennent en moyenne plus de fautes que les livres des éditeurs "traditionnels".
Il ne s'agit pas forcément d'une question de qualité des auteurs mais de moyens. Même le passage par les correcteurs et correctrices professionnels ne permet pas de présenter des œuvres sans erreurs, qu'avant on appelait d'imprimerie. Mais depuis que l'imprimeur reprend un document PDF pour lancer l'impression, les éditeurs qui utilisent encore cet argument semblent miser sur la méconnaissance du grand public.
Monsieur Antoine Gallimard n'a pourtant pas de leçons de qualité à nous donner : la communauté des pirates du livre numérique s'était amusée à corriger l'ebook d'Alexi Jenni, *l'art français de la guerre*, prix Goncourt 2011. Après l'hypothèse de l'utilisation du document PDF imprimeur, mouliné par un logiciel de reconnaissance graphique pour fabriquer la version numérique, des lecteurs de la version papier ont informé le web que ces coquilles se trouvaient également dans leur épais bouquin.
La faculté de corriger rapidement sur l'ensemble du circuit de distribution un ebook constitue un avantage dont la portée ne semble guère avoir été analysée. Dans cette optique, j'ai décidé de récompenser les lectrices et lecteurs qui ne se contentent pas d'une moue de déception face aux erreurs mais les communiquent, en leur

offrant un livre de leur choix du catalogue, trois formats disponibles (epub, pdf, amazon). Aucun livre en papier offert ! Seule restriction, pour une question de taille des fichiers et vitesse de connexion à Internet d'un écrivain vivant à la campagne, ne pourront être envoyés que des ebooks dont la taille n'excédera pas cinq mégas, ce qui exclut les livres de photos (sauf ceux dont le PDF reste juste en dessous de la limite possible).

Naturellement, il ne vous faut pas réclamer ce livre ni envoyer les fautes constatées (réelles ! et non les choix comme mettre au pluriel un terme habituellement invariable ou reprendre une lettre d'un personnage dont les fautes d'orthographe constituent justement une caractéristique, ou même une libre violation des temps conseillés de conjugaison !) sur la plateforme d'achat mais à la page contact de www.ecrivain.pro en spécifiant le livre de votre choix, qui vous sera envoyé par mail après vérification des informations transmises.

Fautes réelles découvertes : un livre offert, l'engagement qualité de l'auto-édition.

Cette offre s'étend à l'ensemble de mon catalogue.

Stéphane Ternoise… un peu plus d'informations

Né en 1968

http://www.ecrivain.pro essaye d'être complet, avec un "blog" (je préfère l'expression "une partie des chroniques"). Mais il ne peut naturellement pas copier coller l'ensemble des textes présentés ailleurs.

http://www.romancier.net

http://www.dramaturge.net

http://www.essayiste.net

http://www.lotois.fr

Les noms de ces sites me semblent explicites…
Le graphisme reste rudimentaire. Tant de choses à faire…

http://www.salondulivre.net le prix littéraire a lancé sa onzième édition. Une réussite d'indépendance. Mais peu visible…

L'ensemble des livres numériques ont vocation à devenir disponibles en papier et réciproquement. Il convient donc de parler de livre au sens fondamental du terme : le contenu, l'œuvre. En juillet 2013, le catalogue numérique de Stéphane Ternoise dépasse la barre naguère inimaginable de la centaine. Il est constitué de romans, pièces de théâtre, essais mais également de photos, qu'elles soient d'art (notion vague) ou documentaires (présentation de lieux, Cahors, Cajarc, Montcuq, Beauregard, Golfech…), publications pour lesquelles l'investissement en papier est impossible, sauf à recourir à l'impression à la demande.

Tous droits de traduction, de reproduction, d'utilisation, d'interprétation et d'adaptation réservés pour tous pays, pour toutes planètes, pour tous univers.

Site officiel : http://www.ecrivain.pro

Présentation des livres essentiels :
http://www.utopie.pro

Jésus, du Quercy **de Stéphane Ternoise**

Dépôt légal à la publication au format ebook du 24 mars 2013.

Imprimé par CreateSpace, An Amazon.com Company pour le compte de l'auteur-éditeur indépendant.
livrepapier.com - 1er octobre 2013

ISBN 978-2-36541-429-6
EAN 9782365414296

www.ingramcontent.com/pod-product-compliance
Lightning Source LLC
Chambersburg PA
CBHW042305150426
43197CB00001B/21